ÉMILE DESCHAMPS

Paris. — Typ. de Gaittet rue Git-le-Cœur, 7

Carey, del. et sc.

Imp. de Mangeon, 67, r. St Jacq Paris.

EMILE DESCHAMPS

Publié par G. HAVARD.

LES CONTEMPORAINS

ÉMILE DESCHAMPS

PAR

EUGÈNE DE MIRECOURT

PARIS
GUSTAVE HAVARD, ÉDITEUR
BOULEVARD DE SÉBASTOPOL
rive gauche

L'Auteur et l'Éditeur se réservent tous droits de reproduction.

1859

ÉMILE DESCHAMPS

Beaucoup de nos lecteurs ont visité les merveilles du palais de Versailles.

Nécessairement ils ont rencontré quelque part, soit dans le parc, soit dans les galeries de peinture, le charmant poëte dont nous allons les entretenir.

Sa noble et sympathique physionomie, son œil plein d'intelligence, le calme et la bonté de son sourire, frappent tout d'abord ceux qui l'aperçoivent. On répéterait volontiers, à l'aspect d'Émile Deschamps, le mot de ce seigneur anglais qui, pour la première fois, voyait Shakspeare :

« — A la bonne heure, voici un homme! »

Oui, c'est un homme, dans la plus belle acception que ce mot puisse avoir, un homme d'un grand talent, un homme d'un beau caractère, un sâge qui vit dans la retraite, gardant le culte des amitiés et des souvenirs, épris du beau, du juste et du vrai, comme s'il avait encore vingt ans.

Chacun doit admirer avec nous l'auteur désintéressé, le poëte modeste qui apporte à cacher son mérite autant de soin que d'autres en prennent à étaler leur pourpre ou leurs haillons.

Les renommées menteuses, filles de l'intrigue, de la bassesse et de la camaraderie, s'écroulent au souffle régénérateur de la vérité. Place aux écrivains d'élite, aux esprits délicats, qui ont fui le tumulte et les stériles agitations du monde littéraire, pour écouter la douce voix de la muse dans le recueillement et le silence!

Émile Deschamps est né à Bourges le 20 février 1791.

Son père, M. Deschamps de Saint-Amand, était directeur des domaines et receveur général de la province du Berry. Quant à sa mère, elle appartenait à une race illustre, celle des comtes de Maussabré, dont on retrouve le titre et le blason dans les annales de la seconde croisade.

Le premier qui porta ces armes héréditaires était, comme Bayard, un chevalier sans peur.

Il dut son anoblissement, ainsi que l'indique son nom même[1], aux larges et glorieuses balafres qu'il reçut en terre sainte.

Émile Deschamps est presque aussi noble du côté paternel.

Si 89 et 1830 n'y avaient mis bon or-

[1] Mausabré (mal-sabré). Un musulman lui avait fendu le front d'un coup de cimeterre.

dre, il pourrait encore aujourd'hui monter dans les carrosses du roi.

Un de ses aïeux, notable habitant de Bergerac, eut l'honneur de recevoir dans sa maison Henri de Navarre, à l'époque où ce prince guerroyait contre la ligue. Il rendit même au Béarnais le service inappréciable de l'empêcher de tomber aux mains des ligueurs.

C'était en décembre, par une nuit de brouillard.

François Deschamps (ainsi se nommait l'aïeul de notre poëte) fut prévenu par un de ses tenanciers qu'un gros de partisans ennemis, campés à peu de distance de Bergerac, se disposaient à tenter une escalade pour enlever le chef des huguenots.

Henri, fatigué de luttes et de batailles, était plongé dans un sommeil profond.

— Laissons-le dormir, dit François. Quand le péril n'existera plus, nous le réveillerons par des cris de victoire.

Il assemble aussitôt la garde bourgeoise, dont il est le capitaine; puis il court aux remparts, où il recommande à sa troupe de se tenir immobile en attendant ses ordres.

Les ligueurs arrivent sous les murs, plantent leurs échelles et montent sans défiance, croyant la ville endormie.

Mais soudain François donne un signal :

— Alerte !

Deux cents bras vigoureux saisissent les échelles toutes chargées d'hommes et les rejettent dans le fossé, comme des grappes immenses.

Cela fait, une grêle de projectiles tombe sur les assaillants. La mousquetade achève de les convaincre que les bourgeois de Bergerac sont éveillés.

L'ennemi regagne ses tentes et jure qu'on ne l'y reprendra plus.

Henri IV, installé sur le trône, n'oublia pas François Deschamps. Il lui envoya des lettres de noblesse et lui donna pour armoiries un lion armé, sur champ d'azur, avec cette devise :

Fortis, generosus et fidelis.

Nous n'insisterons pas davantage sur la

noblesse de notre héros. Il a, Dieu merci, bien assez de titres par lui-même, et n'a point à demander l'illustration aux parchemins de ses ancêtres.

Émile habita Paris dès l'âge de deux ans.

Un de ses oncles, auquel la République venait de confier le portefeuille des finances, rappela de Bourges M. Deschamps de Saint-Amand pour le faire monter en grade.

Il le nomma chef de l'enregistrement et des domaines.

Un vieux prêtre, l'abbé de Fomblaves, très-ami de la famille, dirigeait à Orléans une maison d'institution.

M. Deschamps résolut de lui envoyer

Émile; et, comme une des tantes de l'enfant habitait la capitale orléanaise, on lui annonça l'arrivée de son jeune neveu.

Notre héros entrait à peine dans sa huitième année. La décision paternelle fut une source de chagrins pour lui.

Cette ville d'Orléans, qu'il ne connaissait pas, devint son cauchemar.

Orléans, c'était ne plus jouer à la balle aux Champs-Élysées; c'était la fin de ses chères promenades aux Tuileries, où il aimait tant à effaroucher les rondes de petites filles; Orléans, c'était ne plus embrasser chaque matin son père et sa mère; c'étaient l'exil, la prison, le pensionnat enfin!

Sa terreur avait fini par lui créer un

fantôme de ville, qu'il ne pouvait plus écarter de sa pensée ni de ses rêves.

Il était comme enfermé dans cette cité fantastique; il y marchait en imagination nuit et jour, épelant le nom des rues, les enseignes des magasins; et, chose étrange! (ce n'est pas nous qui expliquerons le phénomène) une fois arrivé dans la véritable Orléans, Émile s'y reconnut aussitôt.

Rien ne l'embarrassait, absolument rien.

Il courait à droite, il courait à gauche, sans hésiter le moins du monde, et nommait d'avance toutes les rues par leurs noms : la rue des *Carmélites*, — la rue *Bannier*, — la place du *Martroy*, — la rue *Royale*, — la rue de l'*Évêché*, — le

Mail, — le cloître *Saint-Aignan*, — la place de l'*Étape*, et ainsi du reste.

Le prodige alla si loin, que le domestique de sa tante, un pauvre diable de prisonnier autrichien, nommé Popodish, qu'on avait chargé de l'accompagner dans cette première excursion en ville, s'écriait tout ébahi :

— *Ia! ia!...* sorcier, petit Français, sorcier!

Sauf erreur, car nous n'avons pas approfondi la matière, il nous semble qu'on nomme *locomotion* cette faculté mystérieuse observée chez quelques rares sujets, et qui consiste soit dans la prévision des lieux, soit dans la révélation de faits absolument en dehors de la portée des sens.

Émile ne tarda pas à donner d'autres preuves de ce don singulier de l'âme humaine, qui, pour être incompréhensible, n'en doit pas moins être admis.

C'était environ six semaines après son arrivée à Orléans.

Un matin, à cinq heures, comme la cloche du lever sonnait, l'abbé de Fomblaves entre au dortoir, s'arrête devant le lit du jeune pensionnaire et murmure avec émotion :

— Mon ami, votre mère est malade.

— Non, monsieur, dit Émile, elle est morte !

A ces mots, il se dresse sur son séant, et le maître de pension voit les joues de son élève inondées de larmes.

— Bonté divine! comment avez-vous pu le savoir? s'écria M. de Fomblaves.

L'enfant ne répondit pas. Il éclatait en sanglots.

Cette nuit même, il avait vu en rêve une femme, jeune encore, vêtue d'une large robe blanche, et qui s'envolait au ciel, tenant à la main une palme verte, comme les saintes.

— Émile! Émile! mon fils! avait dit l'apparition, d'une voix faible, mais si claire, qu'elle tintait comme une clochette d'argent.

Voici un troisième fait, certifié par notre poëte lui-même. Il est juste que nous lui cédions la parole.

« Un dimanche, raconte-t-il (ce dimanche-là se perd dans la nuit des temps); une dame de la ville m'avait fait sortir de ma pension. Je trouvai chez elle M. de Fontgibu, émigré, qui revenait d'Angleterre.

« — Parbleu! dit-il en me voyant, voilà un petit jeune homme à qui nous ferons goûter du *plum-pudding!*

« C'était une importation nouvelle, à laquelle M. de Fontgibu n'avait pas nui.

« Je trouvai le plum-pudding excellent; je rentrai dans ma pension, et je n'entendis plus parler de M. de Fontgibu.

« Dix ans après, en 1815, je passais sur le boulevard Poissonnière.

« J'avais faim; j'entrai dans un restaurant, et je demandai d'un plum-pudding qui était sur le plateau et qui avait fort bonne mine.

« — Il est retenu, me dit le garçon. Nous n'en avons pas d'autre pour le moment.

« La dame du comptoir, voyant ma grande contrariété et ma grande jeunesse, me sourit d'un air d'intelligence protectrice, et, se tournant aussitôt vers une table à sa gauche :

— Monsieur de Fontgibu, dit-elle, auriez-vous la complaisance, si vous ne mangez pas tout, de partager votre plum-pudding avec monsieur?

« A ce nom de Fontgibu, mon attention s'était éveillée.

« Je vis un homme assez âgé, poudré à blanc, qui portait des épaulettes de colonel très-minces, sur un habit bourgeois gros bleu, avec des boutons d'uniforme et une épée d'acier.

« A travers ce déguisement et sous cet air martial, je reconnus néanmoins mon Fontgibu d'Orléans, et, m'approchant de lui :

« — Colonel..... monsieur le marquis, lui dis-je, c'est donc à vous que je devrai toujours l'avantage de goûter du *plum-pudding!* Je suis un tel, ce petit écolier que vous avez régalé ainsi chez madame une telle, à Orléans, en telle année... vous vous rappelez?

« Il rassembla un moment ses souvenirs, et, me tendant la main d'un air cordial :

« — En vérité, je ne vous reconnaissais pas, dit-il : vous voilà si grand ! C'est que je ne vous ai jamais revu.

« — Et moi, repris-je vivement, je n'ai jamais remangé de plum-pudding.

« Il me fit les honneurs du sien, en riant de cette singularité, et me raconta, toujours en riant, comment, ayant été blessé trois fois à l'armée de Condé, et ruiné une fois pour toutes à la Révolution, il se trouvait maintenant en pension chez ce traiteur obscur, en attendant que le ministre voulût bien s'occuper de lui.

« Nous nous quittâmes, lui riant encore, moi presque pleurant.

« Et, depuis ce jour, plus de M. de Fontgibu, partant plus de *plum-pudding*.

« L'hiver de 1832, je venais de lire chez mes cousines anglaises les cinq actes de mon *Roméo et Juliette* shakspearien. Comme je finissais, une autre dame anglaise m'aborda gracieusement avec deux de mes vers, qu'elle avait retenus par esprit de nationalité, et me dit :

« — Est-ce que, pour l'amour de Shakspeare, monsieur, vous ne voudriez pas accompagner demain vos cousines, qui viendront à six heures prendre leur part d'un plum-pudding aussi bon anglais que votre *Roméo?*

« J'acceptai après les cérémonies d'usage.

« — Mais, prenez garde, ajoutai-je gravement, je dois vous prévenir d'une chose : si j'ai l'honneur de dîner demain avec vous, M. de Fontgibu y viendra aussi, et il ne doit pas être jeune !...

« — Qu'est-ce que M. de Fontgibu ?

« Je racontai à ces dames mes deux anecdotes de *plum-pudding* pour les égayer un peu. Elles s'en égayèrent beaucoup.

« On n'est pas difficile en amusement après la lecture d'une tragédie.

« — Je vous jure bien, reprit l'aimable lady, que nous n'aurons pas M. de Fontgibu ; je ne le connais ni d'Ève ni d'Adam, et je vous attends demain tout seul.

« Elle sortit.

« Le lendemain, j'étais chez elle avec mes cousines, à six heures précises. Nous nous mettons à table. Elle me fait asseoir à son côté, et devant un magnifique plum-pudding.

« Il y avait dix couverts; toutes les places étaient prises, comme au repas de Macbeth.

« — Eh bien, vous voyez qu'on n'attend plus personne, me dit-on de toutes parts. Et votre M. de Fontgibu?

« — Monsieur de Fontgibu! annonça un valet d'une voix éclatante.

« Aussitôt un étranger parut entre les deux battants de la porte.

« Nous étions au plus fort du carnaval, et je crus tout d'abord que c'était une mystification, une plaisanterie, que ces dames m'avaient préparée.

« Cependant l'étranger, soutenu par un domestique presque aussi vieux que lui, circulait péniblement autour de la table, mettant ses deux mains devant ses yeux pour ne pas être ébloui des lumières, et cherchant sa place et la maîtresse de la maison d'un air tout désorienté.

« Il approche, il approche, il approche; il est à deux pas de ma chaise.

« Je regarde fixement; je me lève.

« Cette douillette puce, ces lunettes bleues, cette perruque rousse... c'était lui, lui-même, M. de Fontgibu!

« Mes cheveux se hérissaient. Don Juan, dans le chef-d'œuvre de Mozart, n'est pas plus terrifié devant son convive de pierre.

« — Parbleu! monsieur, m'écriai-je enfin, qui suis-je? qui êtes-vous? et qu'y a-t-il dans ce plat?

« Je lui montrais le plum-pudding.

« M. de Fontgibu, malgré le cornet qu'il appliquait à son oreille, n'avait pas entendu un mot, et tout cela ne lui représentait rien.

« Pour toute réponse, il me demanda :

« — Où est donc madame de N*** ? Je ne la vois pas.

« — C'est la porte en face, sur le même palier, dit ma voisine.

« — Sur le même palier, la porte en face! répéta d'une voix de Stentor le vieux domestique dans le cornet de son maître.

Et M. de Fontgibu s'éloigna tout aussi doucement qu'il était venu, se confondant en excuses, et sans rien comprendre à notre stupéfaction. Il dînait chez cette autre dame, et il s'était trompé de porte, parce que j'étais là, parce que j'y étais avec un plum-pudding !

« — Ce n'était donc pas un jeu joué, une chose arrangée? demanda la maîtresse de la maison.

« — Pas plus par moi que par vous, milady !

« Trois fois du *plum-pudding* dans ma vie, et trois fois M. de Fontgibu ! Pourquoi cela? — Une quatrième fois, et je suis capable de tout, où je ne suis plus capable de rien. »

Ce fait nous a paru trop curieux pour n'en donner qu'une simple analyse. La citation, du reste, fait connaître le talent de notre héros comme prosateur.

Nous rattachons le fil biographique.

La vie de collége ne convenait guère à la vive imagination et à la santé délicate d'Émile.

En hiver, il avait les talons crevés d'engelures, et ne pouvait réussir à mettre un pied devant l'autre.

L'été fermait ses plaies pour lui donner une maladie plus grave.

Des fièvres intermittentes lui brûlaient

le sang. Jamais il ne pouvait prendre part aux jeux de ses condisciples, et le plus souvent il était forcé d'abandonner la classe pour l'infirmerie.

Une partie de barres tous les deux mois, un accessit tous les deux ans, voilà le total des récréations et des succès de notre écolier.

Certes, on abandonne sans regret des lieux où la vie s'écoule aussi monotone.

A quatorze ans, Émile revint chez son père, qui le trouva d'une faiblesse désespérante en latin, en grec, et même en français.

— Mon pauvre enfant, lui dit-il, ton éducation n'est pas faite. Il va falloir la recommencer d'un bout à l'autre.

M. Deschamps de Saint-Amand était un des hommes de son époque les plus versés dans la science littéraire.

Sa demeure était le rendez-vous des gens de lettres. Ceux-ci le plaçaient en première ligne parmi ces amateurs éminents que le goût et l'instruction distinguent, et qui deviennent si rares de nos jours.

Émile travaillait ordinairement sur une petite allonge annexée au bureau de son père.

Occupé de travaux administratifs ou de recherches savantes, M. Deschamps s'interrompait de temps à autre pour raconter à son fils une anecdote curieuse ou pour lui réciter un morceau choisi de nos poëtes.

Il savait lui donner le goût du travail, en mêlant aux études fatigantes quelque agréable distraction.

Bientôt Émile se passionna pour la poésie et pour les arts.

A ce temps-là remontent les premiers essais de sa muse.

Tout en s'exerçant à la rime, il apprit les langues modernes avec une facilité prodigieuse, et ne consacra pas à chacune d'elles plus de quatre ou cinq mois pour la posséder parfaitement.

Nous le voyons débuter, en 1812, par une ode patriotique intitulée la *Paix conquise*, œuvre qui lui valut de prime abord les suffrages de M. de Fontanes.

Le grand maître de l'Université fit au

poëte de dix-huit ans l'honneur de publier ses vers dans le *Journal de l'Empire*, avec un en-tête élogieux de douze ou quinze lignes, signé de sa main.

Peu de jours après, nouveau triomphe pour l'auteur de la *Paix conquise*, et quel triomphe !

Cette fois, l'Empereur lui-même fait annoncer à Émile Deschamps qu'il a lu son œuvre. Une riche tabatière enrichie de diamants est offerte au jeune homme en témoignage de la satisfaction du maître.

Une tabatière au pauvre Émile, qui ne prisait pas !

Le cadeau n'en était pas moins flatteur.

Il donnait une preuve évidente de cette vérité trop méconnue que Napoléon ne cherchait pas systématiquement la guerre.

Si la conquête de la paix ne fut point durable, et si notre héros, à deux années de là, se vit enfermé dans un cercle de feu, la trahison des puissances européennes seule, et non la fougue belliqueuse de César, transforma le poëte en soldat.

Émile Deschamps n'avait pas couru au-devant du péril.

Mais, lorsqu'il dut le regarder en face, il se comporta comme l'eût fait un grognard émérite.

C'était en 1814.

Il demeurait alors à Vincennes, et Vincennes obéissait aux ordres du général

Daumesnil, chef intrépide s'il en fut.

Daumesnil, pour justifier son titre de commandant de place, ne pouvait absolument montrer que sa jambe de bois.

Encore cette jambe ne lui enlevait-elle rien de son agilité quand il fallait monter aux échelles ou courir le long des parapets d'un bastion.

Très-jeune et très-noble de physionomie et de tournure, il avait l'œil brillant, le teint vif en couleur, la parole prompte et vibrante. Autrefois colonel de hussards, il conservait toutes ses anciennes habitudes de coquetterie militaire, affilant sa moustache noire du bout de ses doigts gantés et ne se montrant qu'avec une tenue pleine de distinction.

Pour défendre Vincennes, ce galant homme avait une troupe de deux ou trois cents invalides.

Il jugea convenable de la renforcer par l'appel sous les armes de tous les hommes de dix-huit à quarante ans qui habitaient Vincennes et les hameaux d'alentour.

Voilà comment Émile, garde national mobilisé, se trouva défenseur du territoire envahi.

La tendresse de son père l'avait plusieurs fois, et à grands frais, racheté de la conscription, de l'enrôlement des vélites et du premier ban.

Par un jeu singulier du hasard, il eut pour chef un de ses remplaçants même.

Ce brave garçon, nommé Maurice, avait conquis les galons de sergent-major d'artilleurs et perdu le bras gauche à Lutzen.

Il ne reconnut pas sans un certain plaisir le jeune richard qui l'avait acheté à beaux deniers comptants pour l'envoyer se faire massacrer à sa place, en gros ou en détail, sur tous les champs de bataille de l'Europe.

Maurice témoigna ses sympathies à Émile en l'accablant de corvées et en le fourrant à la salle de police un peu plus souvent que de raison.

Vainement notre garde mobilisé tenta de corrompre ce trop rigide supérieur.

Celui-ci toucha le surcroît de paye que son subordonné crut devoir lui offrir toutes les semaines; mais il ne se relâcha nullement de ses exigences.

— Je m'intéresse beaucoup à ce jeune bourgeois, disait-il, et je veux lui apprendre comment on fait un soldat d'un *pékin!*

Le sergent-major n'avait pas dans le cœur un atome de fiel. Seulement il était convaincu de l'excellence de sa méthode.

Daumesnil, instruit de l'aventure, s'en amusa beaucoup.

Sur les entrefaites, Paris ouvrait ses portes aux troupes alliées. Blücher somma la garnison de Vincennes de mettre bas les armes.

— Allons donc! s'écria Daumesnil. MM. les ennemis devraient mieux réfléchir à ce qu'ils demandent. Je leur rendrai la place, oui.... quand ils m'auront rendu ma jambe!

Joignant aussitôt l'action à la parole, il organise une sortie avec ses trois cents invalides, tombe sur les derrières des Prussiens et leur enlève très-proprement dix pièces de canon.

Rentré dans la forteresse, le général invite les gardes nationaux à dîner.

La chère est excellente, la gaieté intarissable; le vin et le rhum coulent à flots, mais pas une goutte d'eau.

A dix heures du soir, Daumesnil réclame de ses convives un peu de silence, et prend la parole.

— Messieurs, dit-il, vous sortirez demain

de bonne heure, et vous aurez soin de vous vêtir de blouses, de redingotes, d'habits bourgeois; — pas la moindre apparence d'uniforme, s'il vous plaît! Cette toilette finie, vous éveillerez vos femmes et vos enfants; vous les installerez sur des charrettes, avec des matelas, des meubles et beaucoup de batterie de cuisine. Ayez aussi des ânes, des chiens, des moutons, une foule d'animaux domestiques. Cela, messieurs, est un des points importants de la chose. Devinez-vous où je veux en venir?

— En vérité, non, général! répondirent les gardes nationaux en chœur.

— Vous n'avez pas, ce soir, l'intelligence ouverte. Quand vous serez tous réunis, bêtes et gens, vous partirez en longue file, avec l'air de la plus profonde désolation. Vous vous présenterez aux avant-postes ennemis de Fontenay-sous-Bois, et vous demanderez à parler à l'officier qui les commande. Eh bien, y êtes-vous?

Les convives se regardaient l'un l'autre. Personne ne voyait où pouvait tendre ce bizarre préambule.

— Une fois en face de l'officier, reprit Daumesnil, vous le saluerez poliment et vous lui tiendrez à peu près ce langage... Le texte n'y fait rien, pourvu que le sens y soit. Quel est celui d'entre vous qui se charge de la harangue?

— Moi, général, fit Émile Deschamps.

— Eh bien, tu diras :

« Cet enragé de Daumesnil est furieux, parce que vous avez coupé les sources qui alimentent les citernes du fort de Vincennes. Il a donné sa parole de soldat que si, avant vingt-quatre heures, on ne lui a pas rendu son eau, il se fera sauter et fera sauter avec lui tout le pays à six lieues à la ronde, car les immenses souterrains du château regorgent de poudre. C'est pourquoi, messieurs les ennemis, nous décampons sans tambour ni trompette. Soyez assez aimables pour nous laisser le passage libre. »

— A merveille, général, dit Émile; mais, si les Prussiens refusent, car on doit s'attendre à tout de leur part, que devrons-nous faire?

— S'ils refusent, mes enfants, répond Daumesnil avec un doux sourire, vous rebrousserez chemin, vous rentrerez au château, et, à la nuit tombante, je vous jure que nous régalerons la bonne ville de Paris et le quartier général du très-haut et très-puissant Blücher d'un feu d'artifice splendide.

La perspective manquait totalement de gaieté.

Plus d'un garde national sentit une sueur froide humecter ses tempes.

— Je vous promets, général, dit Émile, que nous ferons tout notre possible pour obtenir le sauf-conduit des Prussiens. Je trouverais peu agréable, pour mon compte, d'être lancé en l'air comme une fusée pyrotechnique.

Le lendemain, au point du jour, on exécuta de point en point l'ordre du commandant de place, et la mise en scène fut parfaite.

Mais elle ne put attendrir le cœur de roche des Prussiens.

Émile Deschamps fit en pure perte d'énormes frais d'éloquence. Il eut même l'humiliation d'entendre un officier de la landwehr lui répondre en très-bon français :

— Vous êtes un tas de fichues bêtes, et votre Daumesnil est un satané Gascon! Retournez sur vos pas, vous n'avez rien à craindre.

On juge avec quelle mine lugubre les pauvres diables rentrèrent à la forteresse.

Ils transmirent au général la réponse textuelle de l'ennemi.

— Té ! té ! fit Daumesnil en pirouettant sur sa bonne jambe. Nous allons voir la suite, patience !

L'horloge du château sonnait midi.

Chacun se croyait à son dernier jour, et l'on attendait la nuit au milieu d'inexprimables angoisses. Le caractère bien connu de Daumesnil ne laissait aucun doute sur l'exécution de sa menace.

Émile songeait à son père et à son jeune frère Antony, tous deux logés à Vincennes, et qui allaient inévitablement partager son sort, lorsque le général lui envoya dire de monter près de lui :

— L'heure est venue ! murmura le jeune homme en pâlissant. Soyons brave.

Il trouva Daumesnil, le sourire aux lèvres, et un verre d'eau fraîche à la main.

— Buvez à ma santé, mon cher ! cria-t-il. Vous voyez, l'ennemi nous a rendu nos sources.

— Est-ce possible, général ?

— Parbleu ! j'étais sûr que ma *gasconnade* donnerait à réfléchir à Blücher.

— Ce n'était donc qu'une plaisanterie ?

— Oui, certes. Je voulais que vous eussiez la peur au ventre, afin de mieux la communiquer à ces chiens-là.

— Ma foi, général, j'étais convaincu, je l'avoue, que nous allions sauter...

— Bah! c'est inutile! J'ai pour deux mois de vin en cave; mais, vous comprenez, on est bien aise d'avoir un peu d'eau, quand ce ne serait que pour faire sa toilette.

A quelques jours de là, Daumesnil, qui avait apprécié l'intelligence et la fermeté de caractère du jeune homme, le chargea d'accomplir une mission très-sérieuse.

Voici de quoi il s'agissait.

Les alliés avaient la prétention de contraindre le roi Louis XVIII à leur livrer l'immense matériel enfermé dans le château de Vincennes. Ce matériel, Daumesnil voulait absolument le conserver à la France.

Il avait imaginé, pour cela, un moyen plein de hardiesse.

— En ayant l'air de ne pas reconnaître le nouveau gouvernement, se disait-il, je sauverai la situation.

Donc il commença par garder le drapeau tricolore au sommet de la forteresse. Les ministres du roi pouvaient se retrancher derrière le mot *impossible* et répondre aux souverains coalisés :

— Que voulez-vous? On ne sait qu'y faire. Jetez les yeux sur le donjon de Vincennes : y voit-on flotter le drapeau blanc? Non. Donc nous n'en sommes pas maîtres !

Le général comptait traîner ainsi les choses en longueur jusqu'au départ de l'armée d'invasion, toujours en menaçant de faire sauter les poudres si l'on essayait de le réduire par la force.

Mais il fallait instruire le pouvoir des motifs de cette résistance patriotique, et ce fut Émile qui fut chargé d'aller confier aux ministres le secret de la comédie.

Grâce à son uniforme de garde national, il put franchir aisément les postes de la barrière du Trône.

Il courut chez le général Maison, chez le maréchal Gouvion Saint-Cyr, leur expliqua la conduite du commandant de place, les fit entrer dans ses vues, et revint au château avec l'assurance formelle qu'on saurait gré à Daumesnil de sa rébellion simulée.

Le plan de l'intrépide général réussit à merveille.

Messieurs les alliés, voyant qu'ils ne pouvaient ni le séduire avec de l'or ni l'intimider avec du canon, plièrent bagage et sortirent du territoire. La puissante forteresse ne se rendit qu'au roi Louis XVIII.

Aussitôt arriva la récompense promise à Daumesnil.

Ce fut sa destitution.

Le jour où elle lui fut annoncée, le brave général recevait un témoignage de la sympathie des habitants de Vincennes.

Ils lui offraient une épée d'honneur.

Émile Deschamps avait organisé cette démonstration. Lui-même fut chargé de remettre l'épée à Daumesnil et reçut son accolade.

Certes, il en fallait beaucoup moins, en ces jours de terreur blanche, pour être soupçonné de *bonapartisme*. Émile Deschamps fut appréhendé au corps et conduit devant le préfet de police.

On l'accusait de conspiration contre le gouvernement établi.

Le jeune homme protesta qu'une coïncidence fortuite avait seule amené cette manifestation des habitants de Vincennes, le jour de la disgrâce du commandant.

— Je vous jure, monsieur le préfet, dit-il, que nous étions loin de prévoir cette disgrâce. La politique est absolument étrangère à un acte que la reconnaissance et l'estime nous ont seules dicté.

L'assertion était aussi franche qu'exacte.

Mais elle ne parut pas satisfaire M. le préfet, qui jugea convenable de maintenir l'écrou du prisonnier.

Plusieurs jours de suite, Émile subit de nouveaux interrogatoires, et donna constamment la même réponse.

Après quoi le magistrat le laissa libre.

Notre héros se vengea de cette persécution royaliste en composant sur le *siége de Vincennes* des couplets qui sont devenus populaires.

Il se passa quelques années sans que le jeune poëte, admis dans les bureaux de l'enregistrement et des domaines, publiât autre chose qu'un petit nombre de rimes, éparses dans différents recueils.

La douce vie de famille suffisait à ses rêves d'ambition.

Son vieux père était son idole.

Émile n'avait qu'une pensée, qu'un but : entourer de dévouement et de tendresse les derniers jours du noble vieillard.

Il se plaisait à le seconder dans l'éducation de son frère Antony, qui annonçait déjà les plus brillantes facultés poétiques, bien qu'il ne fît encore que des vers latins.

L'auteur de la *Paix conquise* voulait, en outre, consacrer au développement de ses connaissances et au perfectionnement de son style les belles années de jeunesse que tant d'autres dépensent en folles tentatives littéraires, en productions avortées.

Ce fut seulement vers les derniers mois de 1818 que son nom reparut avec éclat à l'horizon des lettres.

A cette époque il écrivit, en collaboration avec Henri de Latouche, deux comédies en vers, l'une, en trois actes, *Selmours de Florian*; l'autre en un acte, le *Tour de faveur*.

Elles furent représentées au théâtre de l'Odéon.

Selmours de Florian fut salué de bravos par une salle enthousiaste; mais nos timides poëtes, qui en étaient à leur premier début dramatique, s'écrièrent avec trouble, lorsqu'ils entendirent le parterre demander l'auteur :

— Ne nous nommez pas ! ne nous nommez pas !

— Alors quels pseudonymes choisissez-vous ? demanda le fonctionnaire en habit noir que le public impatient sommait de paraître devant la rampe.

— Nous n'en savons rien..... les premiers venus : Bernard frères !

Le rideau se leva.

— Messieurs, dit le régisseur après trois saluts profonds, la pièce que nous avons eu l'honneur de représenter devant vous est de MM. *les premiers venus* frères.

On le voit, c'était un homme plein d'intelligence.

Troublé lui-même, il avait machinalement répété une partie de la phrase qu'il venait d'entendre dans les coulisses, sans avoir l'intention de lui donner ce sens burlesque.

Le lendemain, l'affiche portait : *Bernard frères.* Mais les journaux trahirent le véritable nom des jeunes écrivains.

Quant à la seconde pièce, le *Tour de faveur*, elle eut cent représentations successives. C'est un petit chef-d'œuvre de verve comique, de style et d'esprit.

Casimir Delavigne lui a beaucoup emprunté dans ses *Comédiens*.

Notre poëte se lia, dès lors, avec tous

les littérateurs et les artistes qui, fatigués de l'ancienne école, allaient donner le signal du mouvement romantique.

Il reçut Victor Hugo, Lamartine, Alfred de Vigny, Alexandre Soumet, Charles Nodier, et une foule d'autres champions illustres des doctrines nouvelles. Jusqu'en 1848, son salon fut un vrai cénacle littéraire [1].

En 1827, Émile Deschamps publia son premier volume de poésies, sous le titre d'*Etudes françaises et étrangères*.

La préface est un des manifestes les plus avancés de la nouvelle école.

[1] Le poëte venait de se marier. Madame Émile Deschamps faisait les honneurs de la maison avec une grâce charmante. Elle mourut dans le courant de février 1855.

Au mois d'avril de cette même année, notre héros assistait à la fameuse et dernière revue de la garde nationale, passée au Champ de Mars par S. M. Charles X.

Émile venait d'être nommé capitaine d'état-major de la première légion.

Tout en défilant à la tête de sa troupe, il composa une complainte prophétique, moitié funèbre, moitié burlesque, sur le licenciement de la milice bourgeoise, dont, certes, personne ne se doutait alors.

L'inspiration le poursuivant, il en vint, de strophe en strophe et de rime en rime, à un douzième couplet, annonçant la chute du trône avant trois années, et l'exil définitif du roi et des princes.

Il chanta, le soir, sa complainte devant trente ou quarante convives.

On se moqua de ses vers et on le traita de faux prophète.

Le lendemain matin, Paris, encore émerveillé de la fête pompeuse de la veille, apprit avec stupeur que l'ordonnance de licenciement avait été signée pendant la nuit.

Une nouvelle illumination divinatrice avait éclairé l'âme d'Émile Deschamps.

Plusieurs fois il s'est expliqué dans ses livres sur ces bizarres accès de seconde vue, sur cette coïncidence surnaturelle des événements avec sa pensée.

Nous rapporterons ses paroles mêmes.

Elles nous semblent remplies de tact et de saine raison.

« Les esprits forts, dit-il, s'en tirent avec ces deux mots : *mensonge* ou *hasard*. Les âmes superstitieuses s'en tirent... ou plutôt ne s'en tirent pas. Quand on me raconte de ces choses, je me dis : Il y a mille à parier contre un que cela est faux ; mais il y a un à parier contre mille que cela est vrai.

« Quoi ! le monde matériel et visible est encombré d'impénétrables mystères, et l'on ne voudrait pas que le monde intellectuel, que la vie de l'âme, qui tiennent déjà du miracle, eussent aussi leurs phénomènes et leurs mystères !

« Pourquoi n'existerait-il pas des causes

morales, comme il existe des causes physiques, dont on ne se rend pas compte? et pourquoi les germes de toutes choses ne seraient-ils pas déposés et fécondés dans la terre du cœur, pour éclore plus tard sous la forme palpable des faits? Il a été donné aux oiseaux et à certains animaux de prévoir et d'annoncer l'orage, les inondations, les tremblements de terre. Tous les jours les baromètres nous disent le temps qu'il fera demain, — et l'homme ne pourrait point par un songe, une vision, par un signe quelconque de la Providence, être averti parfois d'un événement futur qui intéresse son âme, sa vie, peut-être son éternité. L'esprit n'a-t-il donc pas aussi son atmosphère dont il pressent les variations?

Ces idées du poëte sont absolument les nôtres.

Messieurs les voltairiens s'en moqueront, c'est possible ; mais nous les mettons au défi de rire plus fort que nous.

Revenons aux *Études françaises et étrangères*.

Ce livre, qui fut accueilli dans les lettres d'une manière si flatteuse pour Émile Deschamps, débute par une traduction du poëme de la *Cloche*, de Schiller.

Madame de Staël avait déclaré ce poëme intraduisible.

Viennent ensuite la *Ballade* de Gœthe, autre traduction pleine d'originalité, de grâce et d'exactitude, — la *Fiancée*, du même, — une idylle dans le goût de Théocrite, — la *Fête*, — l'*Épître aux mânes de Joseph Delorme*, — et cette merveilleuse épopée lyrique intitulée : *Romances sur Rodrigue, dernier roi des Goths*.

Cette épopée, nous devons le dire, est une œuvre sans précédent dans notre langue.

Les chants qui la composent ont une admirable variété de couleur, de ton, de rhythme; et le style, tout à la fois pathétique et chevaleresque, y écrase en conquérant glorieux la littérature insipide et voltairienne de l'Empire.

Gœthe écrivit à David, le célèbre sculpteur, le priant de remercier en son nom l'auteur des *Études françaises et étrangères.*

« Son œuvre, disait-il, est en harmonie avec ma conviction, qu'elle éclaire et confirme encore. »

Émile Deschamps venait de perdre son père quand il publia le volume dont nous faisons l'éloge. Il continuait à exercer dans l'enregistrement ses modestes fonctions administratives, lorsque le portefeuille des finances échut à M. de Martignac.

Le ministre avait lu le poëme de son employé.

Ne partageant en aucune sorte l'opinion de beaucoup d'hommes d'État, jaloux ou inintelligents, il ne croyait point la culture des lettres incompatible avec le travail des bureaux. Quand par hasard il rencontrait dans son ministère des hommes recommandables par leurs écrits, il les appuyait aussitôt de sa bienveillance et leur offrait sa protection.

Émile Deschamps fut mandé chez Martignac.

Celui-ci, sans égard à la filière hiérarchique par laquelle devaient ordinairement passer tous les commis des finances, venait de nommer le poëte chef de bureau.

Six mois plus tard, appelé au ministère de l'intérieur, il envoya le ruban rouge à son protégé.

La reconnaissance d'Émile pour l'homme qui lui tendit une main si généreuse à l'heure difficile des débuts littéraires fut inaltérable et profonde.

Martignac mourut en 1832.

Jusqu'au dernier jour, Émile Deschamps ne cessa point de le voir et de lui rendre en respectueuse affection tout ce qu'il avait reçu en dévouement et en bonté.

Nous arrivons à l'œuvre éminente du poëte.

La traduction en vers de *Macbeth* et de *Roméo et Juliette* constitue son plus noble titre aux louanges du présent et à l'admiration de l'avenir.

En pleine tourmente romantique, il sut compléter chez nous, avec l'aide d'Alfred de Vigny, la sublime importation du génie de Shakspeare.

Ses deux drames furent reçus au Théâtre-Français.

Mais la froideur qui avait accueilli l'*Othello*, froideur aussi injuste qu'incompréhensible, car l'œuvre est belle, énergique et châtiée, décida probablement messieurs les sociétaires à ne mettre à l'étude ni *Roméo* ni *Macbeth*.

Ces deux pièces attendirent pendant dix-huit ans leur *tour de faveur*.

Émile Deschamps perdit patience et porta *Macbeth*, en 1848, au citoyen Bocage.

Ainsi que nous avons eu déjà l'occasion de le dire, cet illustre démocrate ne manque pas d'un certain flair dramatique. Il sut, pendant tout le cours de son administration outre-Seine, exploiter habilement la mine aux recettes, dont ses prédécesseurs n'avaient pas trouvé le moindre filon.

Macbeth fut représentée cinquante fois de suite.

Le succès aurait été plus loin si la citoyenne George Sand n'eût impérieusement exigé de son *ami* Bocage qu'on jouât sans retard *François le Champi*.

N'importe, cinquante représentations de *Macbeth* suffirent pour confondre le jugement erroné de messieurs les sociétaires de la Comédie-Française et pour réconcilier un peu les hommes de goût avec l'époque présente.

Dans l'intervalle, Émile Deschamps avait fait jouer à l'Opéra le *Don Juan* de Costi [1], et *Stradella* [2].

Collaborateur du poëme des *Huguenots*, il ne voulut point être nommé.

Sept ou huit ans plus tard, cédant aux instances d'Amédée de Beauplan, qui lui demandait un libretto, notre poëte lui donna le *Mari au bal*. Cet opéra, plein de détails gracieux et semé de mots fins et spirituels, ne réussit que médiocrement.

La faute en est au virtuose, qui man-

[1] Traduit avec l'aide de Henri Blaze.

[2] Musique de Niedermeyer. Cette pièce eut une vogue énorme en 1837.

qua de souffle et ne put soutenir l'œuvre.

Il faut, pour écrire une partition, connaître l'harmonie, le contre-point, l'art de conduire les morceaux, de distribuer les idées, de combiner les instruments et de les marier avec la voix des chanteurs. Or M. de Beauplan, simple compositeur de romances, ne savait rien de tout cela.

Les paroles de deux grandes symphonies dramatiques, *Roméo et Juliette* [1] et la *Rédemption* [2], sont aussi l'œuvre d'Émile Deschamps.

On exécuta la *Rédemption* à la salle Ventadour, le 14 avril 1850. L'auditoire

[1] Musique de Berlioz.

[2] Collaborateur, Émilien Paccini ; — musique de Giulio Alary.

était nombreux, et le succès fut éclatant, bien que cette espèce de mystère se trouvât en dehors de tous nos usages lyriques, comme sujet, comme plan, comme exécution.

Chez nous, à moins que les pompes réunies de la mise en scène, ballets, costumes et décors, ne viennent stimuler nos dilettanti frivoles, il est rare qu'ils puissent écouter de la musique pendant quatre heures consécutives.

Il faut alors que la poésie vienne en aide au musicien par un charme tout particulier.

Vers 1839, Émile Deschamps publia un second volume de vers intitulé *Révélations*.

A la même époque, son âme généreuse et sensible répondit à l'appel de la charité chrétienne. Sous ce titre *Poésies des Crèches*, il écrivit une vingtaine de morceaux admirables, exclusivement destinés aux réunions solennelles de cette institution de bienfaisance.

Nous n'avons pas sous nos yeux la brochure qui les contient ; mais nous pouvons en citer un passage, sténographié devant nous, en 1848, au milieu d'une séance des Crèches.

Pauvres enfants, chers petits anges,
Lorsque pour le travail, après chaque repas,
Vos mères vous laissaient au logis, n'est-ce pas
Qu'en proie à des terreurs étranges
Vous sanglotiez, et puis qu'à force d'être seuls
On vous retrouvait froids et muets dans vos langes,
Comme des morts dans leurs linceuls !

Maintenant plus d'absence aux longues agonies,
Car la crèche, agréable aux yeux de l'Éternel,
Avec ses chants, ses fleurs, ses images bénies,
Vous garde souriants jusqu'au sein maternel.

Et vous, riches, donnez, donnez pour que la crèche
L'hiver soit toujours chaude et l'été toujours fraîche.

Émile Deschamps a disséminé dans une foule de journaux, de revues et de feuilles périodiques, la valeur de sept à huit volumes de prose : romans, nouvelles, études de mœurs, articles de philosophie ou de critique.

Il a pris part à la rédaction de la *Muse française*, dont il fut, en 1824, un des fondateurs avec Victor Hugo.

N'oublions pas qu'il collabora au *Livre*

des Cent et Un, à l'*Artiste* et au *Mousquetaire*. Émile Deschamps devint la providence de ce dernier journal : il avait à lui seul de l'esprit, du cœur et du style pour toute la rédaction.

Parmi les innombrables articles dont il enrichit la feuille du grand Dumas, nous citerons : *Appartement à louer*, — *Paul Réné et Réné Paul*, — *Effet de brouillard*, — *Biographie d'un lampion*, — *Une messe de mariage*, — *Pourquoi il fait toujours du vent le long de la cathédrale de Chartres*, — les *Deux Salons*, — *Mozart et Don Juan*, — *Isabelle*, — le *Secret de miss Rose*, — *Un hôte inconnu*, — le *Gâteau des rois*, — *Un bal de noces*, — l'*Intérieur du palais Solda-*

gno; — l'*Hôtel de Cluny*, — le *Château de Vendôme*, — les *Bains publics de Paris*, — *Une visite aux Invalides*, etc., — sans compter la biographie d'un grand nombre de femmes célèbres, Odette de Champdivers, Blanche de Castille, Jeanne d'Arc, Sainte Catherine, Clémence Isaure, Jane Grey, Olympe de Ségur, madame de Sévigné, madame de Maintenon, Prascovie Lopouloff, etc.

Beaucoup de ces articles n'étaient que des reproductions. On les retrouve en grande partie dans trois volumes d'Émile Deschamps, savoir : le *Jeune moraliste* (1824), — *Causeries sur quelques femmes célèbres* (1840), — et *Contes physiologiques* (1854).

On le voit, l'œuvre de notre héros est considérable.

Toutes ses poésies n'ont pas été publiées encore en volume tant ce malheureux siècle, enfoncé dans la prose, y attire avec lui messieurs les libraires.

Nous avons jusqu'ici ménagé les citations, afin de pouvoir offrir à nos lecteurs deux pièces véritablement remarquables.

La première est une peinture de mœurs contemporaines, où, sous une forme dramatique et on ne peut plus émouvante, Émile Deschamps stigmatise les vices froids et égoïstes de nos lions du jour.

Bien qu'elle soit un peu longue, on nous

saura gré de la reproduire tout entière.

MORTE POUR LES AMUSER !

« . . . . . . Hier, la foule se pressait, rue Montmartre, autour du corps d'une jeune fille en costume Pompadour. On disait que de jeunes dandys, après l'avoir enivrée, l'avaient conduite en cet état au bal de l'Opéra, où elle s'était comportée de manière à s'en faire expulser; qu'enfin la honte l'avait poussée au suicide..... Quels remords pour les premiers auteurs de cette catastrophe ! »

(*Chronique de Paris,* 15 janvier 1852.)

Elle travaille; elle a le malheur d'être belle :
Le besoin la conseille et le vice l'appelle.
Par les quais, un matin, des beaux, des ravageurs,
Lovelaces blasés qui ne sont pas majeurs,
L'ont suivie. Un d'entre eux,—elle s'en crut aimée !—
Acheta les baisers de sa bouche affamée.

Une fois dans la fange, elle leur appartint.
Leur sang bouillonne encor, si leur cœur est éteint.

Ils la mirent dès lors de toutes leurs orgies;
Cela les amusait de voir comme aux bougies,
Sur des sofas tachés de fumée et de vins,
Roulaient effrontément ses blonds cheveux divins;
Comme sa beauté pure était abjecte, et comme
S'ouvraient ses lèvres d'ange aux sales propos d'homme.

Après deux ou trois mois de la sorte passés
Avec la malheureuse, ils en eurent assez.
Il fallut inventer quelque chose; ils rêvèrent.
Or, ayant bien cherché, voilà ce qu'ils trouvèrent:

« Mêlons dans son vin blanc le kirsch avec le rhum
(On a fait perdre ainsi le dernier décorum
A plus d'une duchesse), et, quand l'ardent breuvage
Allumera ses sens d'une ivresse sauvage,
Nous la lancerons folle au bal de l'Opéra.
Musard ne peut prévoir tout ce qu'elle y fera...
Et nous en finirons par une bonne scène! »

Le drame dépassa leur espérance obscène.

Quel masque Pompadour, aux flottants oripeaux,
Se débat expulsé par trois municipaux?
C'est elle! — Comme on voit, au sabbat mortuaire,
Un fantôme ivre au loin rejeter son suaire
Pour danser, libre et nu, la danse des damnés,
Ainsi, faisant voler ses linons effrénés,
Elle avait, au rapport d'un sergent véridique,
Offensé la pudeur de ce temple impudique!

Alors, le commissaire et tout son embarras.

. . . .

Et ces messieurs riaient à se tordre les bras;
Et la voilà, marchant comme une somnambule
Dans tous les escaliers jusqu'au grand vestibule.
Nos lions, en riant, l'escortent hors du bal.
Puis l'interrogatoire et le procès-verbal,
Et le fiacre qui s'ouvre au milieu des huées
Dont la foule partout suit les prostituées;
Et ces messieurs, riant toujours de plus en plus
Dans le cercle infernal rentrent avec le flux.

Pourtant, bouleversée encor de cette crise,
Le froid violemment la frappe et la dégrise.

A cette folle enfant le réel apparaît :
Police, tribunal, guichet, maison d'arrêt.

Or, comme on la menait droit à la préfecture :
« Faites-moi, s'il vous plaît, descendre de voiture;
A ma porte, là-bas, brigadier... Un moment,
Que je puisse du moins changer de vêtement,
Et m'ôter tout ce rouge et cette poudre à l'ambre. »
— Accordé ! — Deux sergents la suivent à sa chambre
Tandis que gravement ils gardent le palier,
Elle entre d'un pied leste et d'un air cavalier...
Puis, d'un bond convulsif, elle est à la fenêtre !

Et, pensant à son père, un vieux soldat peut-être,
Qui ne se doute pas de quels fangeux amours,
De quel fumier lui vient son pain de tous les jours;
A sa mère, qui, jeune, en mourant l'a bénie,
Qui la verrait du ciel au banc d'ignominie :
« Non, dit-elle, jamais ! » Et, comme vous savez,
S'élance et va tomber du toit sur les pavés,
Martyre criminelle, en cette mort si prompte,
D'un reste de pudeur qu'on appelle la honte !

On attendit le jour pour relever le corps.

Les bals, en se fermant, refoulaient au dehors
Pierrots, Turcs et brigands, marquises et poissardes.
Charles-Quint et Don Juan regagnaient leurs mansardes,
Et de nos merveilleux les chevaux, en passant,
Ont pu heurter la morte et piaffer dans le sang.

Les gazettes en ont grossi leurs anecdotes
Trois jours; et tout fut dit.

— O mes compatriotes!
Jeunes gens du pays de France, du pays
Où furent les beaux yeux si longtemps obéis,
O mes frères cadets, dont l'heureuse jeunesse
Du luxe de l'esprit écrase notre aînesse,
Et pour qui du savoir tous les flambeaux ont lui,
L'amour, l'amour vous manque, et tout manque avec lui

Ame de l'univers et soleil de la vie,
Souffle ardent qui féconde ensemble et purifie,
Et dont le ciel pour nous daigna se dessaisir
En jetant l'infini dans l'éclair du plaisir!...

Écoutez : ce n'est pas d'éteindre la nature,
De calfeutrer le cœur dans une sépulture,

D'anéantir les sens... Pour vous prêcher ce point,
Il faudrait être un saint, et je ne le suis point.
Mais, au risque d'abord d'y paraître un peu gauches,
Ayez des passions en place de débauches !
Avec les passions naissent plus d'un fléau,
Les fautes, les malheurs dont est mort Roméo.
La famille parfois n'était pas bien gardée ;
Mais la race, après tout, n'était point dégradée.
Quelque chose de beau transfigurait le mal :
Le dieu, même en tombant, dominait l'animal.

Et vous !... Quand donc, lavés de tout plaisir immonde,
Oserez-vous aimer à la face du monde ?

Quand donc l'opinion, seule loi des esprits,
Voudra-t-elle confondre en un pareil mépris
La femme qui se vend et l'homme qui l'achète ?
Encor plus d'une pleure et rougit en cachette ;
Et pour ces vils marchés vous n'avez pas enfin,
Comme elles, devant Dieu, l'excuse de la faim !

Eh bien, le cœur sali de cette vie infâme,
Vous vient-il le caprice, un jour, de prendre femme,
Des anges frais et purs sortiront du couvent
Pour signer au contrat... Car le siècle vivant

Livre aux pourceaux la grâce et la pudeur des biches,
S'il voit que les pourceaux aient un nom et soient riches;
Et les salons dorés vous seront indulgents,
Et vous direz aussi : « Nous, les honnêtes gens! »

Ah! cynisme de l'or! ah! pauvre espèce humaine!

Cependant il n'est point à Paris de semaine
Où quelque jeune fille, en sa première fleur,
Ne se heurte et se brise à l'angle du malheur.
Combien vont fatiguer les grabats d'un hospice!
Combien cherchent un gîte aux gains maudits propice,
Dans ces lieux où la joie est pire que la mort!
Combien l'orgie en tue, et combien le remord!
Il en est, de misère et de vice amaigries,
Qui font queue aux prisons afin d'être nourries;
D'autres que Dieu délaisse et qu'une vieille instruit,
Qui de leur sein honteux font avorter le fruit;
D'autres qui, ne pouvant y tenir davantage,
Se jettent dans l'enfer, d'un quatrième étage;
D'autres qui sous l'injure, à cause du passé,
Au milieu de leurs sœurs vivent, le front baissé,
Et ne relèveront leur figure pâlie
Que pour montrer le rire affreux de la folie!...

Et tout cela, messieurs, gentilshommes du jour,
Parce qu'ayant vingt ans, vous n'avez pas d'amour!

Une critique rigoureuse trouvera bien dans ce morceau quelques exagérations romantiques; mais, à part deux ou trois taches légères, on peut le donner comme un chef-d'œuvre.

Émile Deschamps a le rhythme facile, élégant et pur.

Chez lui, la pensée se dégage avec une limpidité merveilleuse. Il ne tourmente point l'hémistiche et ne le fait pas trotter de saccade en saccade, comme la plupart des rimeurs de son école. Il est du nombre des poëtes que le goût dirige, que la morale applaudit, et dont la postérité conservera précieusement le recueil.

On nous affirme que parmi ses poésies inédites se trouve une admirable traduction de l'*Avare*, où il a su reproduire avec une fidélité parfaite et un talent exquis la versification du père du *Misanthrope* et des *Femmes savantes*.

Le second morceau que nous avons promis de citer a pour titre :

CE QU'ON N'OUBLIE PAS.

— Grand capitaine, eh bien ? te voilà vieux et seul,
Car le vide se fait à l'entour des vieillesses ;
Mais ton esprit, peuplé de tes jeunes prouesses,
De drapeaux en drapeaux se distrait du linceul.

L'espérance aux vieillards sourit... dans leur mémoire!
Recommence avec moi ton cercle de combats,
D'escadrons terrassés, de remparts mis à bas;
Évoque les plus beaux de tes beaux jours de gloire.

« — Je ne m'en souviens pas; je me souviens d'un jour
Où j'étais, pauvre enfant, dans mon lit tout malade;
Ma grande sœur me vint chanter une ballade
Si douce, que le mal s'adoucit à son tour. »

— Grand politique, eh bien? destitué par l'âge,
Te voilà morne et sombre à ton foyer glacé;
Mais, des bords du cercueil contemplant le passé,
Du poids de ton néant son fracas te soulage.
Redis-nous ces congrès, où, réglant tous les droits,
Des antiques États tu changeais la fortune;
Et ces luttes d'orage où, roi de la tribune,
Tu parlais de plus haut que tous les autres rois.

« — Je ne m'en souviens pas; non, mais je me rappelle
Que je fus au collége à douze ans couronné;
On appelait mon père un père fortuné;
Et ma mère s'en fut prier dans la chapelle. »

— Mon grand poëte, eh bien ? voilà que tes cheveux
Rares et blanchissants penchent sur ton épaule,
Comme sur le roc nu le feuillage du saule ;
Mais ton œil d'aigle encor nous lance tous ses feux.
C'est que les souvenirs sont le brasier dans l'âtre,
Qui, plus ardent, pétille au souffle des hivers.
Comptons tous les lauriers moissonnés par tes vers,
Comptons tous les bravos de ton peuple idolâtre.

« Je ne m'en souviens pas ; je me souviens qu'un soir
Elle me regarda, vaguement inquiète...
Un ange, une déesse, un rêve de poëte,
Et je l'aimai !... Jamais nous ne pouvions nous voir. »

Ainsi de tous les biens qui font le sort prospère,
Que nous reste-t-il au départ ?
La chanson d'une sœur, le sourire d'un père,
Le rapide aveu d'un regard !

En février 1848, Émile Deschamps quitta son emploi de chef de bureau pour se retirer à Versailles.

Là, pendant nos troubles et nos désordres révolutionnaires, il vécut dans le calme et dans la solitude, sans avoir, comme d'autres poëtes, la malheureuse fantaisie de conduire sa muse au milieu de la bagarre.

Aussi n'a-t-elle rien perdu de sa blancheur immaculée.

Travaillant sans relâche, et toujours au milieu de ses livres, Émile Deschamps les regarde comme ses meilleurs amis.

Son droit au fauteuil académique est incontestable.

Il y a dix ans, une belle minorité lui donna l'espoir d'un succès prochain ; mais tous ceux qui l'appuyaient dans l'illustre aréopage moururent presque coup sur coup. D'ailleurs, l'Académie ne songe plus aujourd'hui à recruter des poëtes : il lui faut des orléanistes.

Son Éminence le cardinal de Richelieu a vraiment créé là une fort belle institution!

La demeure de notre poëte à Versailles est située à deux pas du château. Jamais on ne vit intérieur plus digne à la fois et plus simple. En fait de richesses artistiques, on y remarque plusieurs beaux Latour et deux magnifiques portraits de Largillière, comme n'en montre pas le salon du Louvre.

Ce sont les portraits du bisaïeul et de la bisaïeule d'Émile Deschamps, un grand seigneur et une grande dame du commencement du dix-huitième siècle.

Notre poëte vient d'être élu vice-président de la Société des gens de lettres.

A la bonne heure!

Si elle eût toujours choisi de pareils dignitaires, nous n'aurions pas eu le chagrin d'envoyer notre démission de membre du comité.

Puisse Émile Deschamps affermir chacun de vous, messieurs, dans le véritable caractère de l'homme de lettres : dignité de la plume, juste orgueil de soi-même et profond mépris de l'intrigue!

FIN.

CHEZ LE MÊME LIBRAIRE

ŒUVRES COMPLÈTES

DE

H. DE BALZAC

CONTENANT

LA COMÉDIE HUMAINE

ET LES AUTRES ŒUVRES

20 beaux vol. in-8°, ornés de 140 Gravures

D'APRÈS

Gavarni, Johannot, Meissonnier, etc.

NOTICE DE GEORGE SAND

PRIX DE L'OUVRAGE COMPLET : 100 FR.

ON SOUSCRIT

EN RECEVANT CHAQUE MOIS UN VOLUME

Prix de chaque volume : 5 fr.

VIENT DE PARAITRE

HISTOIRE-MUSÉE
DE LA
RÉPUBLIQUE FRANÇAISE

DEPUIS

L'ASSEMBLÉE DES NOTABLES JUSQU'A L'EMPIRE

PAR

AUGUSTIN CHALLAMEL

ACCOMPAGNÉE

DES ESTAMPES, COSTUMES, MÉDAILLES,
CARICATURES, PORTRAITS HISTORIÉS ET AUTOGRAPHES
LES PLUS REMARQUABLES DU TEMPS

TROISIÈME ÉDITION

Le succès qui a accueilli les deux premières éditions de ce livre pourrait, à la rigueur, nous dispenser d'entrer dans de nouvelles explications sur l'intérêt des matières qu'il traite et sur l'importance des nombreux documents qu'il contient; mais il nous a semblé qu'il ne serait pas hors de propos aujourd'hui de dire quelques mots sur la pensée de l'auteur, sur le plan qu'il a suivi et sur les motifs qui doivent faire, à notre avis, désirer en ce moment une réimpression de cet ouvrage.

L'*Histoire-Musée de la République française* n'est pas, à proprement parler, une histoire de la République, c'est-à-dire un récit plus ou moins détaillé des événements publics groupés et appréciés suivant la passion politique, le système ou l'école philosophique de l'auteur; elle n'est pas non plus, comme on pourrait le penser, un simple recueil de documents, plutôt fait pour les écrivains que pour les lecteurs; elle tient à la fois de ces deux genres de livres; plus impartiale et moins solennelle que les narrations des historiens, en ce qu'elle se borne, la plupart du temps, à exposer les circonstances dans lesquelles se sont produits les lettres, les dessins, les emblèmes, les caricatures, dont elle retrace et conserve l'image exacte comme autant de monuments des luttes des partis, elle est moins sèche aussi et plus instructive qu'une simple collection de pièces, parce que, en guidant le lecteur par un récit rapide des faits qui relient entre elles ces productions si diverses de l'esprit français pris sur le fait dans le moment où la surexcitation des passions de parti lui donne l'essor le plus énergique, elle met l'observateur intelligent à même d'en déduire des enseignements utiles.

On pourrait dire que l'*Histoire-Musée de la République française* est la chronique du mouvement quotidien de l'esprit français pendant la Révolution.

Quant à l'opportunité du moment choisi pour cette réimpression, nul ne contestera qu'elle ne saurait se produire plus à propos que dans ces temps de calme si favorables à la méditation, ces temps où les esprits sérieux aiment à chercher dans l'étude impartiale du passé la raison d'être du présent et la leçon de l'avenir.

CONDITIONS DE LA SOUSCRIPTION

L'*Histoire-Musée de la République française*, par AUGUSTIN CHALLAMEL, formera deux volumes grand in-8 jésus.

350 gravures sur acier et sur bois, dessinées et gravées par les meilleurs artistes, illustreront cet ouvrage, qui sera publié en 72 livraisons à 25 cent., et en 12 séries brochées à 1 fr. 50 cent.

Chaque livraison contiendra invariablement 16 pages de texte, avec gravures, plus *deux gravures* sur acier ou sur bois, tirées à part, ou une gravure et un autographe.

Prix de la livraison, 25 centimes

LES PREMIÈRES LIVRAISONS SONT EN VENTE

ON SOUSCRIT A PARIS

CHEZ GUSTAVE HAVARD, LIBRAIRE-ÉDITEUR

RUE GUÉNÉGAUD, 15

Et chez tous les Libraires de la France et de l'Étranger.

www.ingramcontent.com/pod-product-compliance
Ingram Content Group UK Ltd.
Pitfield, Milton Keynes, MK11 3LW, UK
UKHW020307220726
13923UKWH00003B/1023

9 782019 681029